This Book Belongs to...

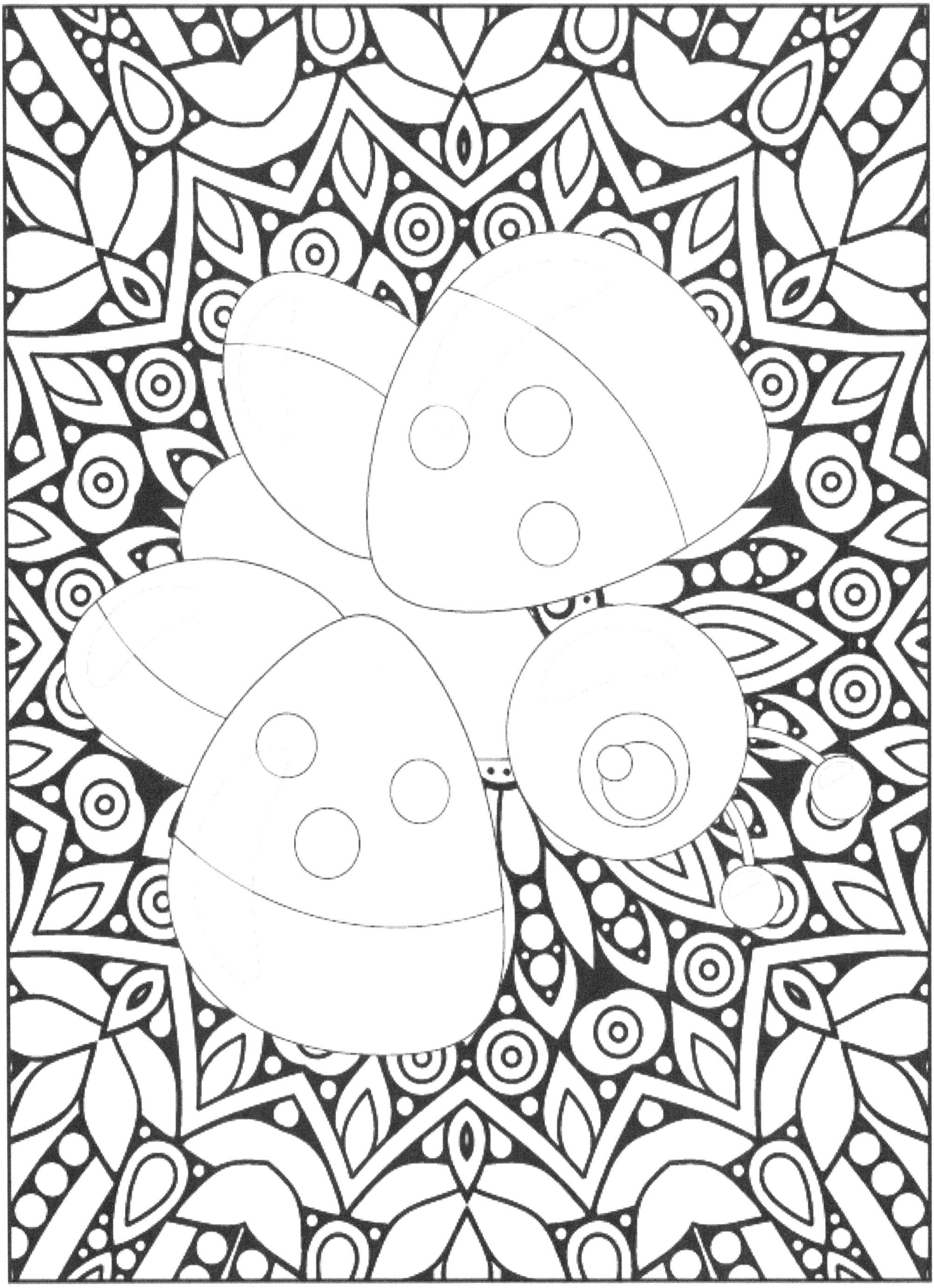

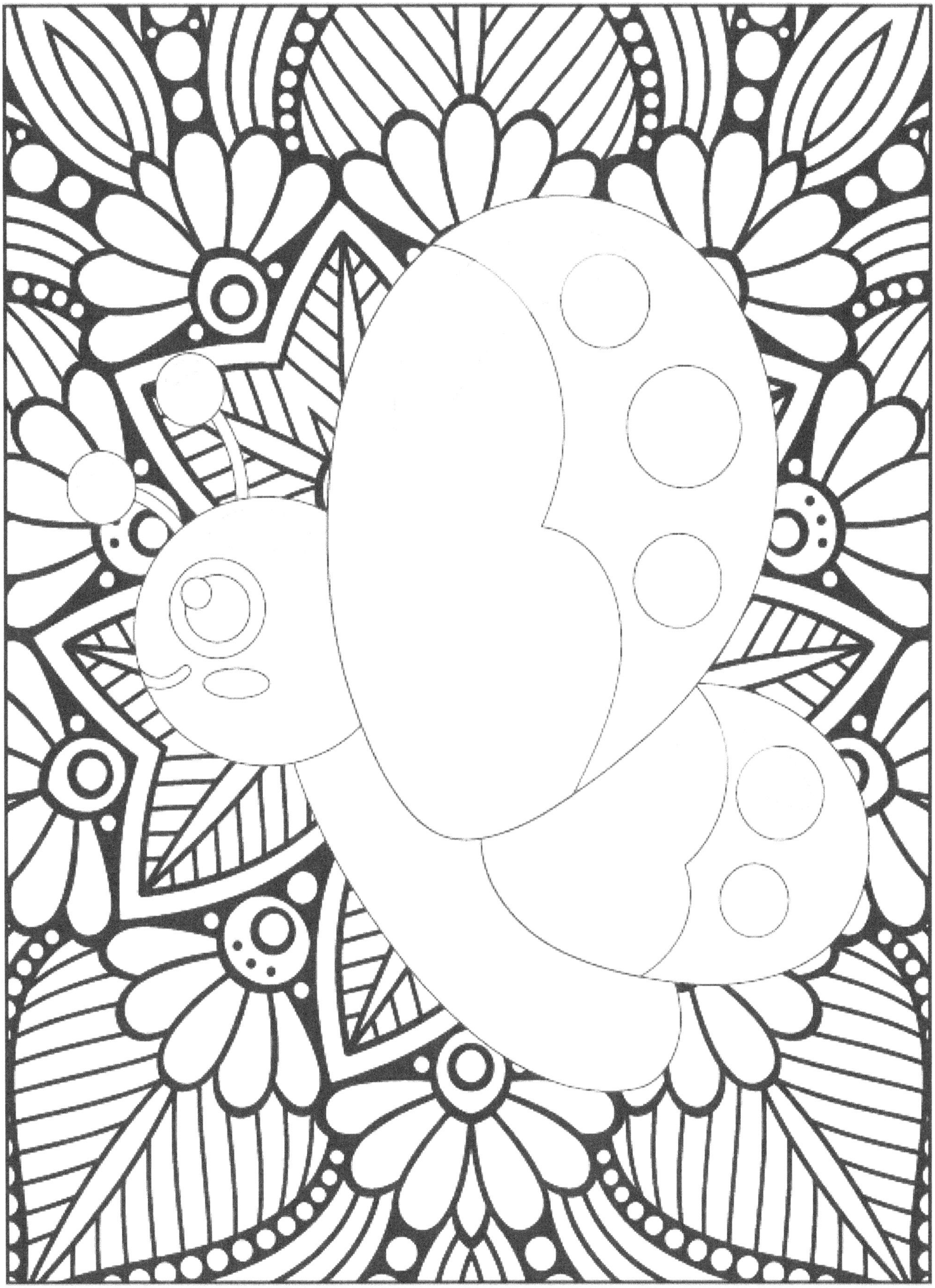

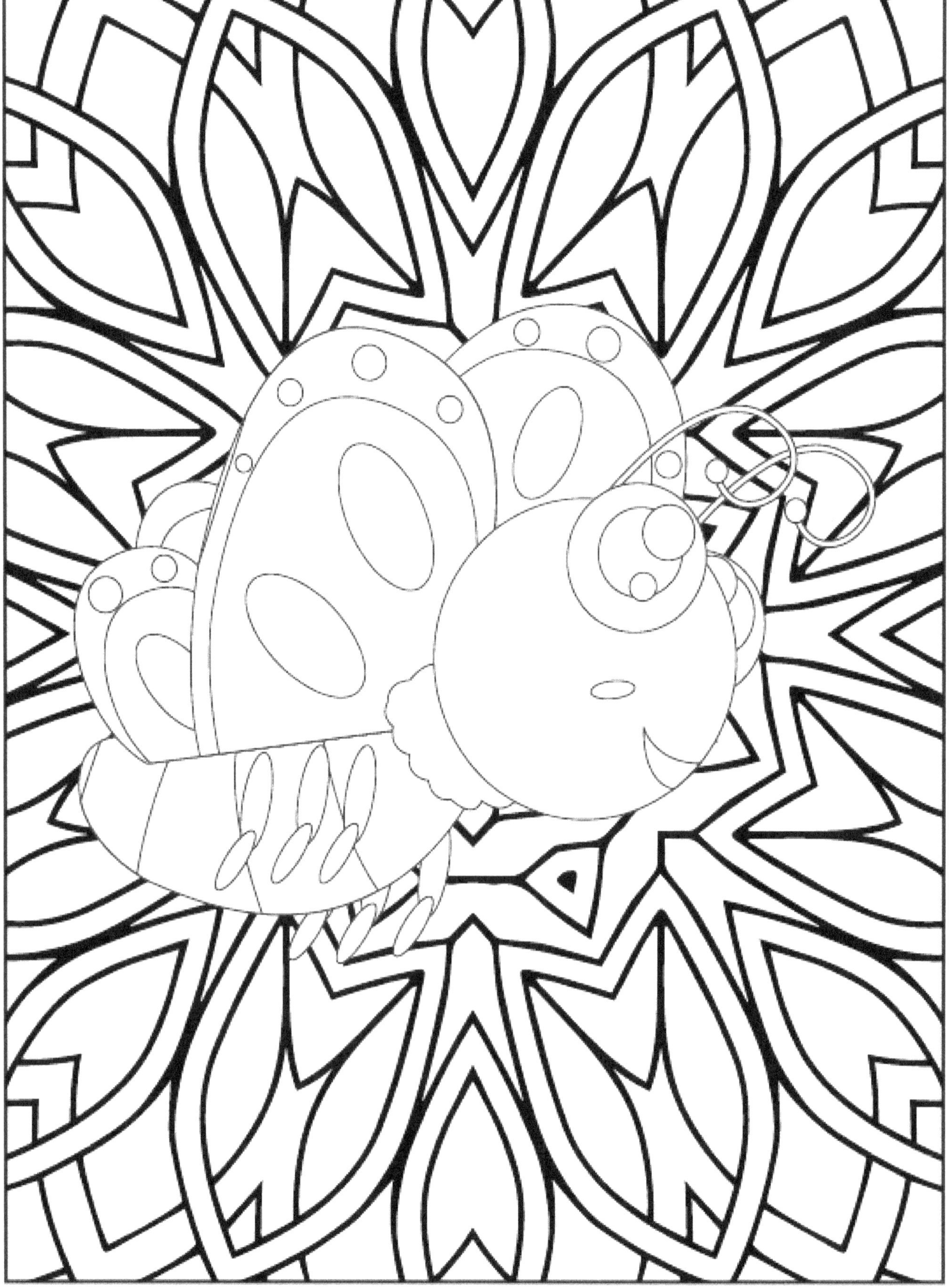

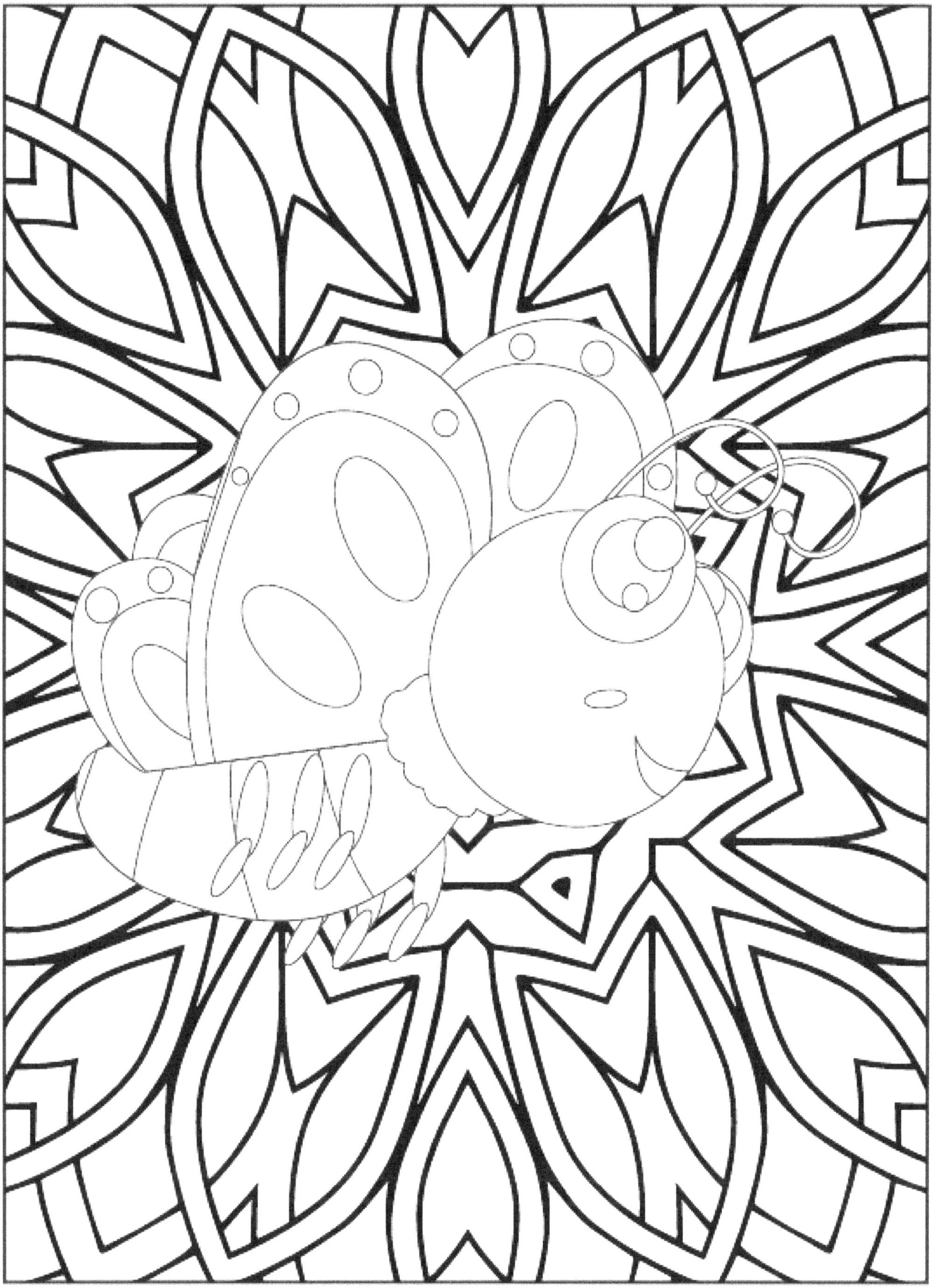

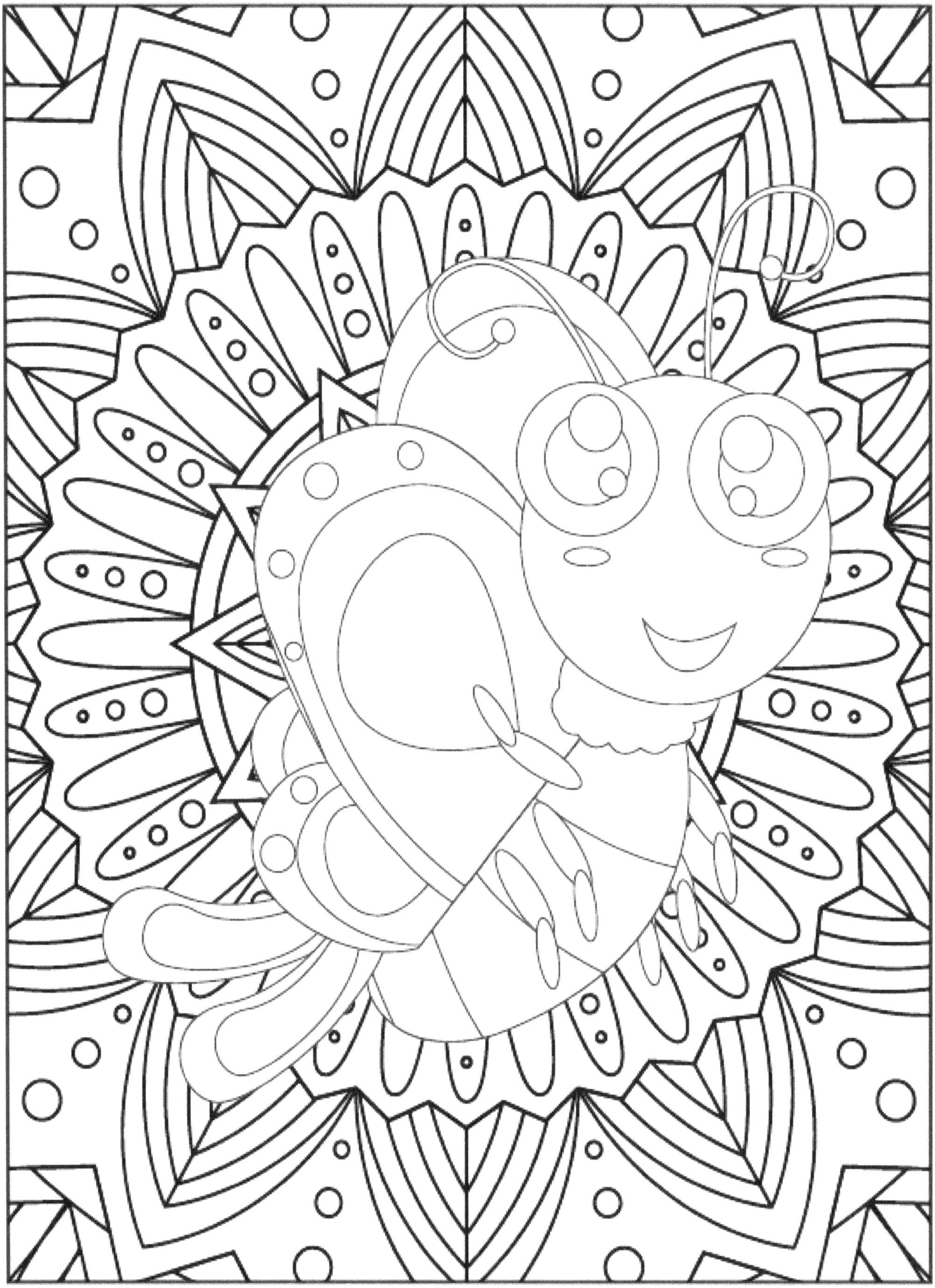

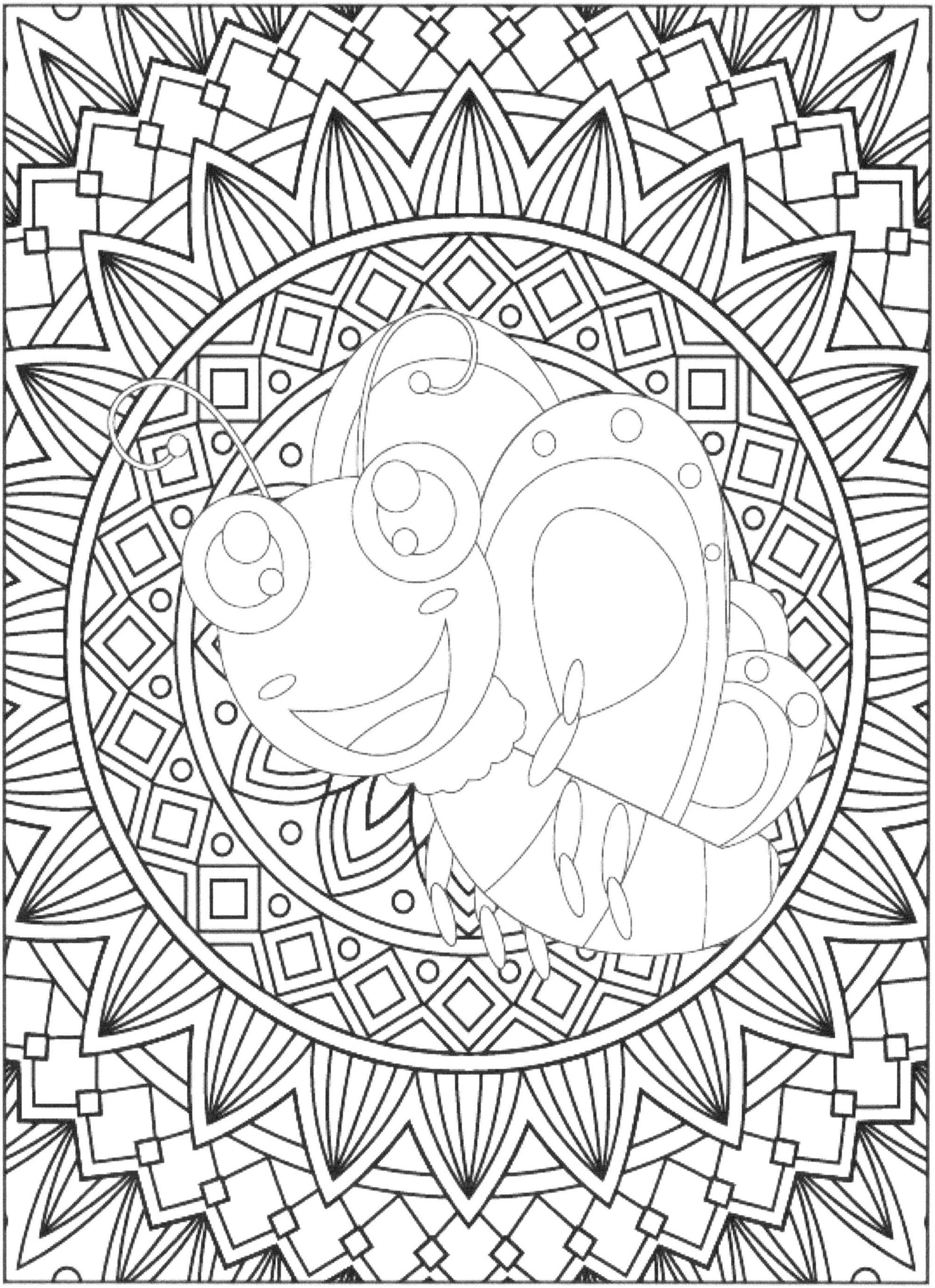

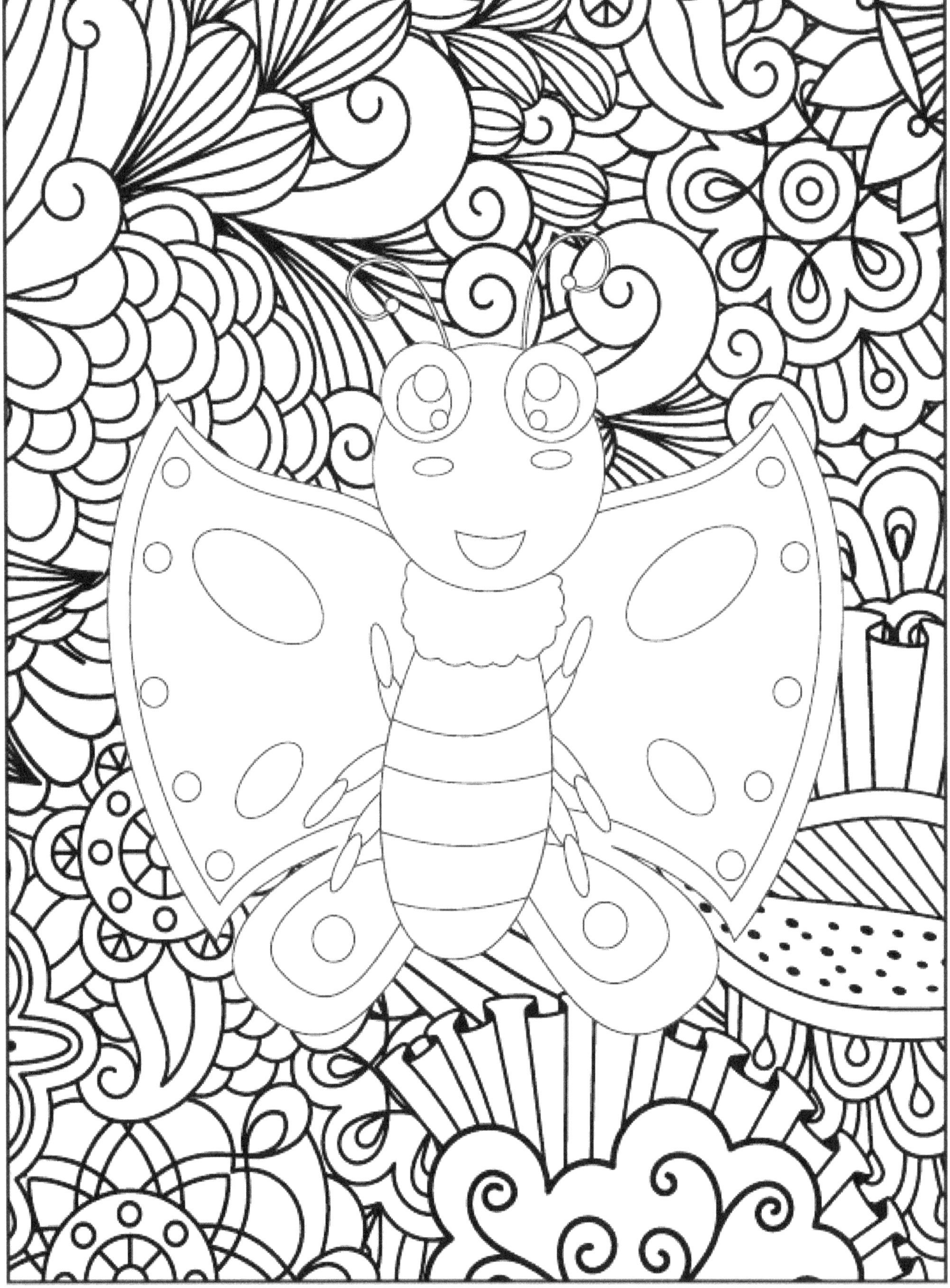

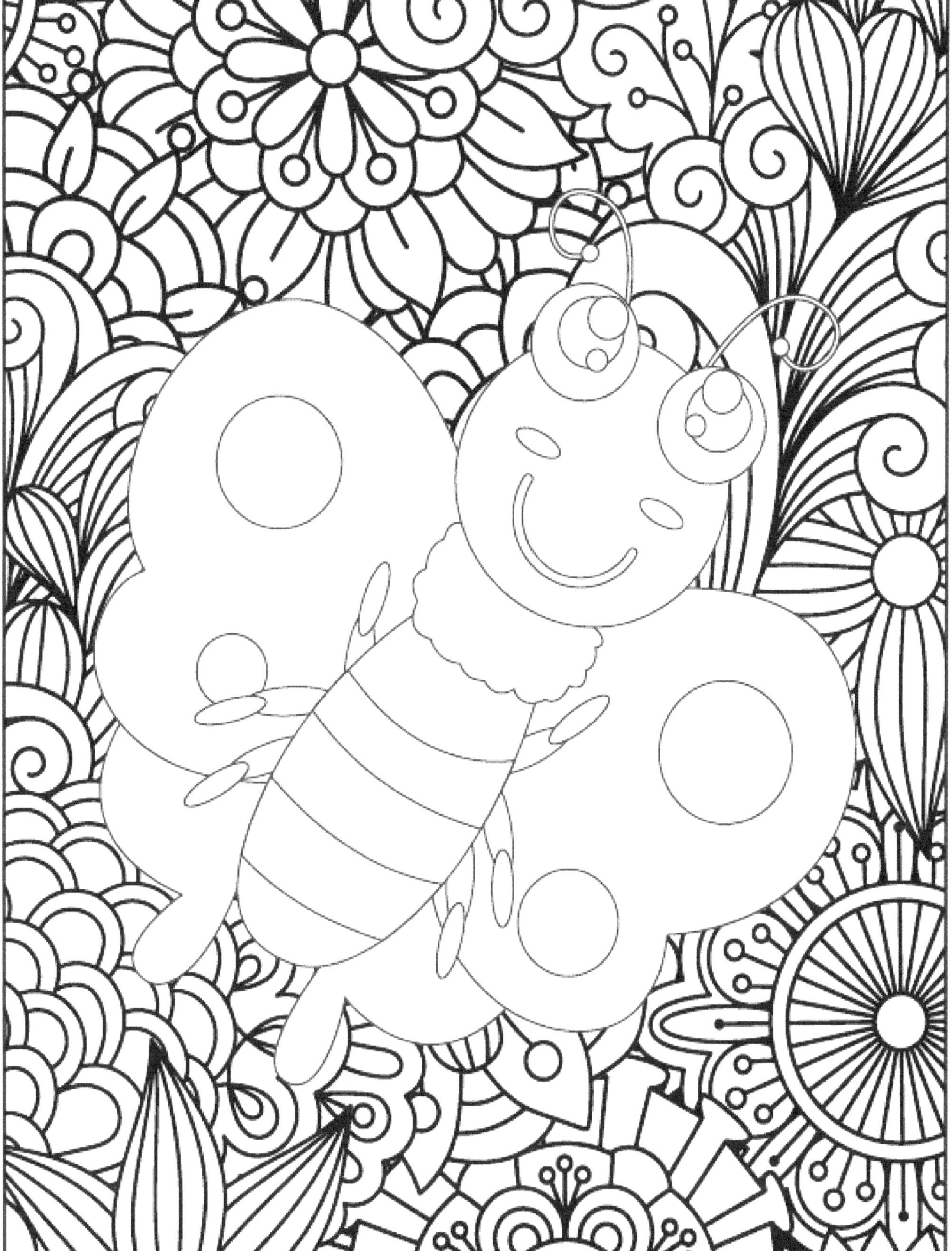

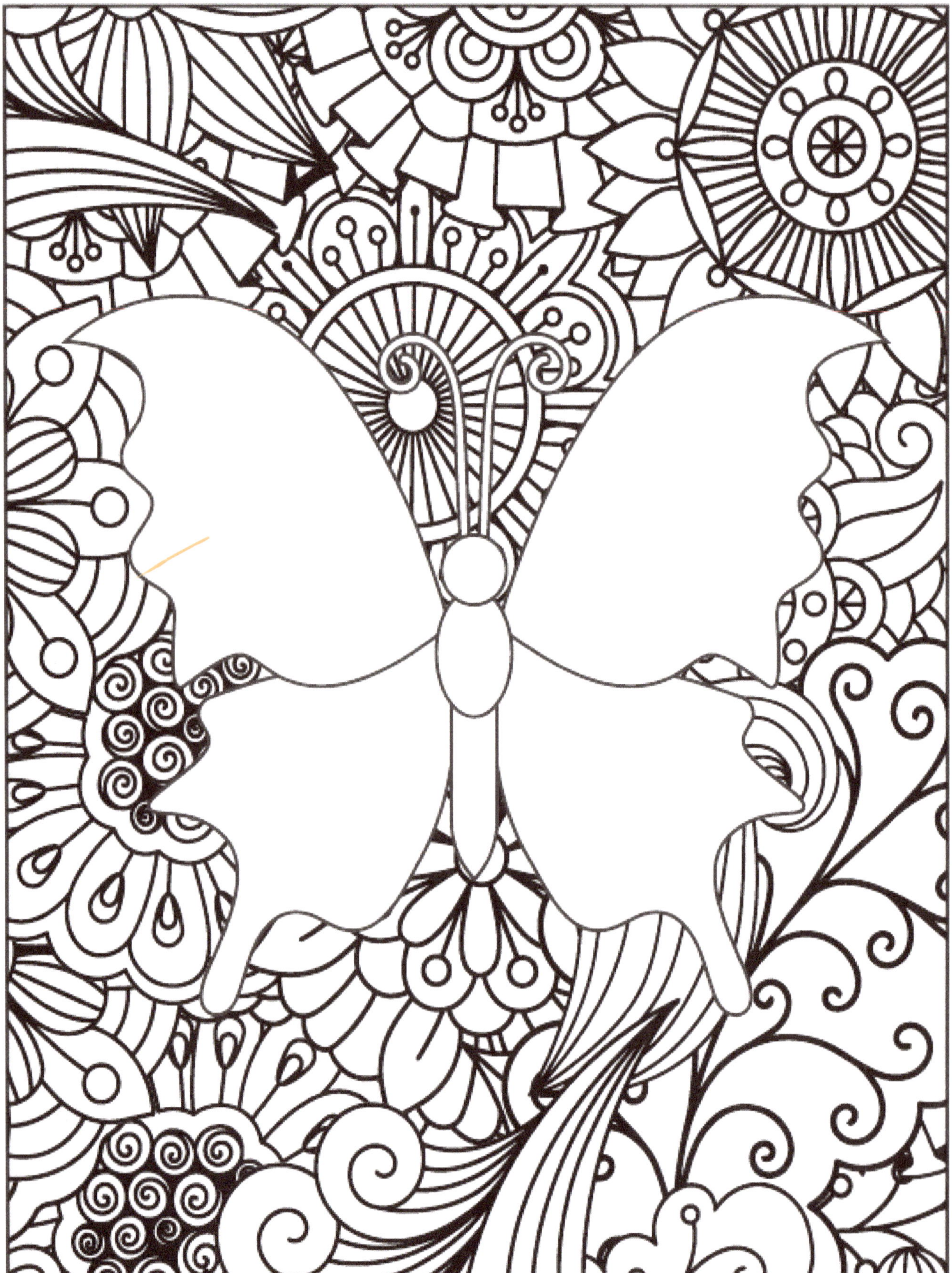

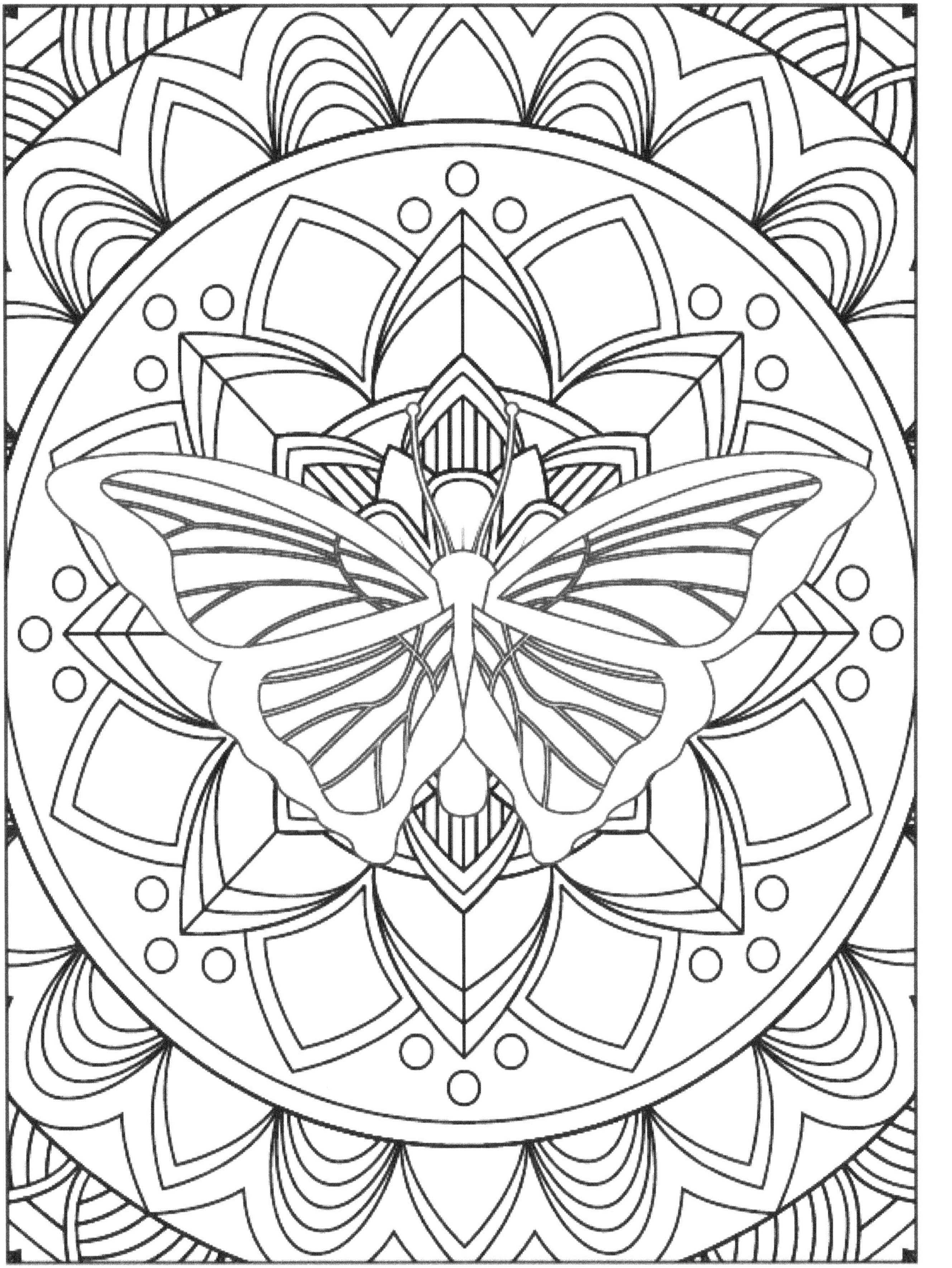

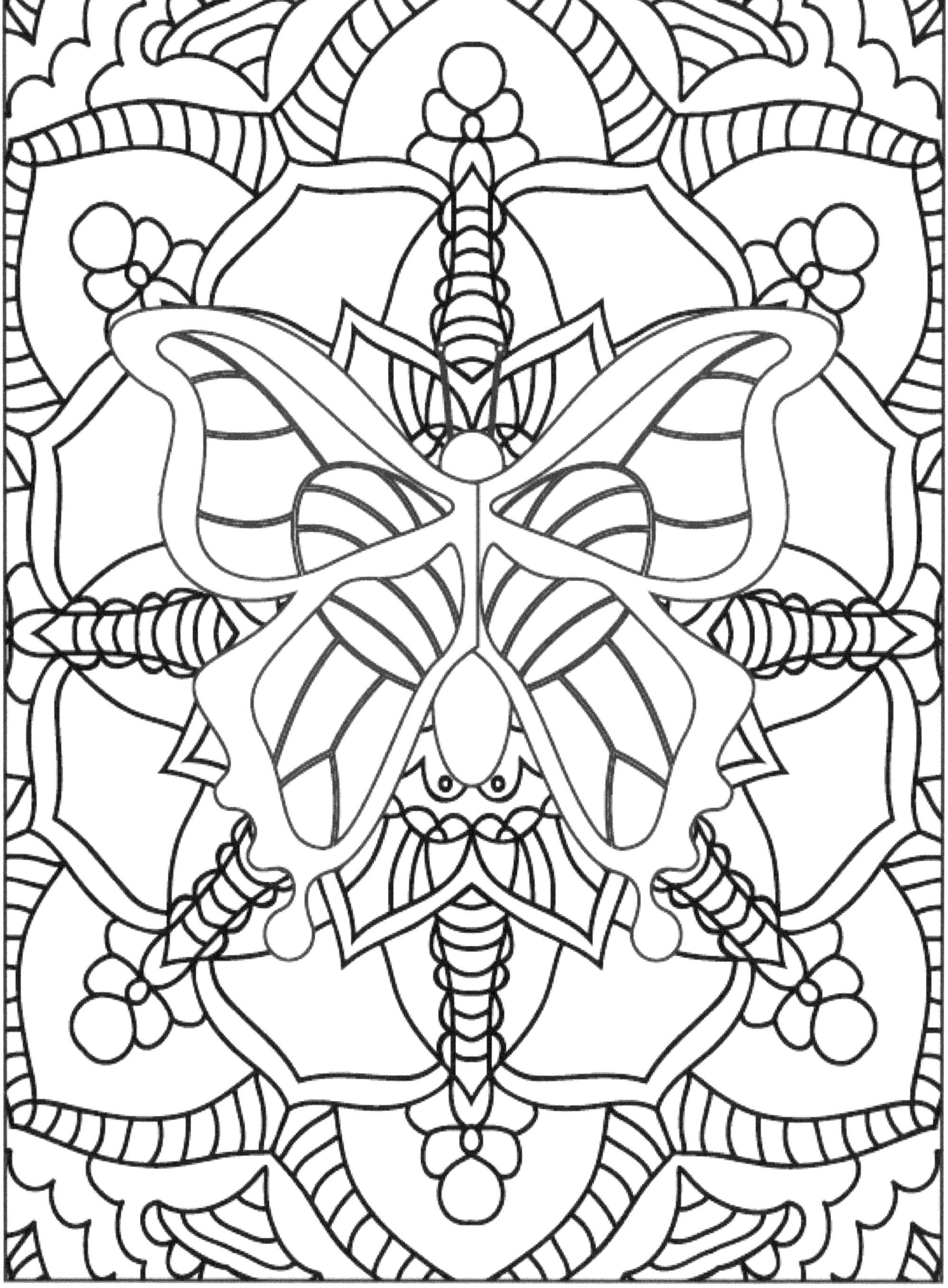

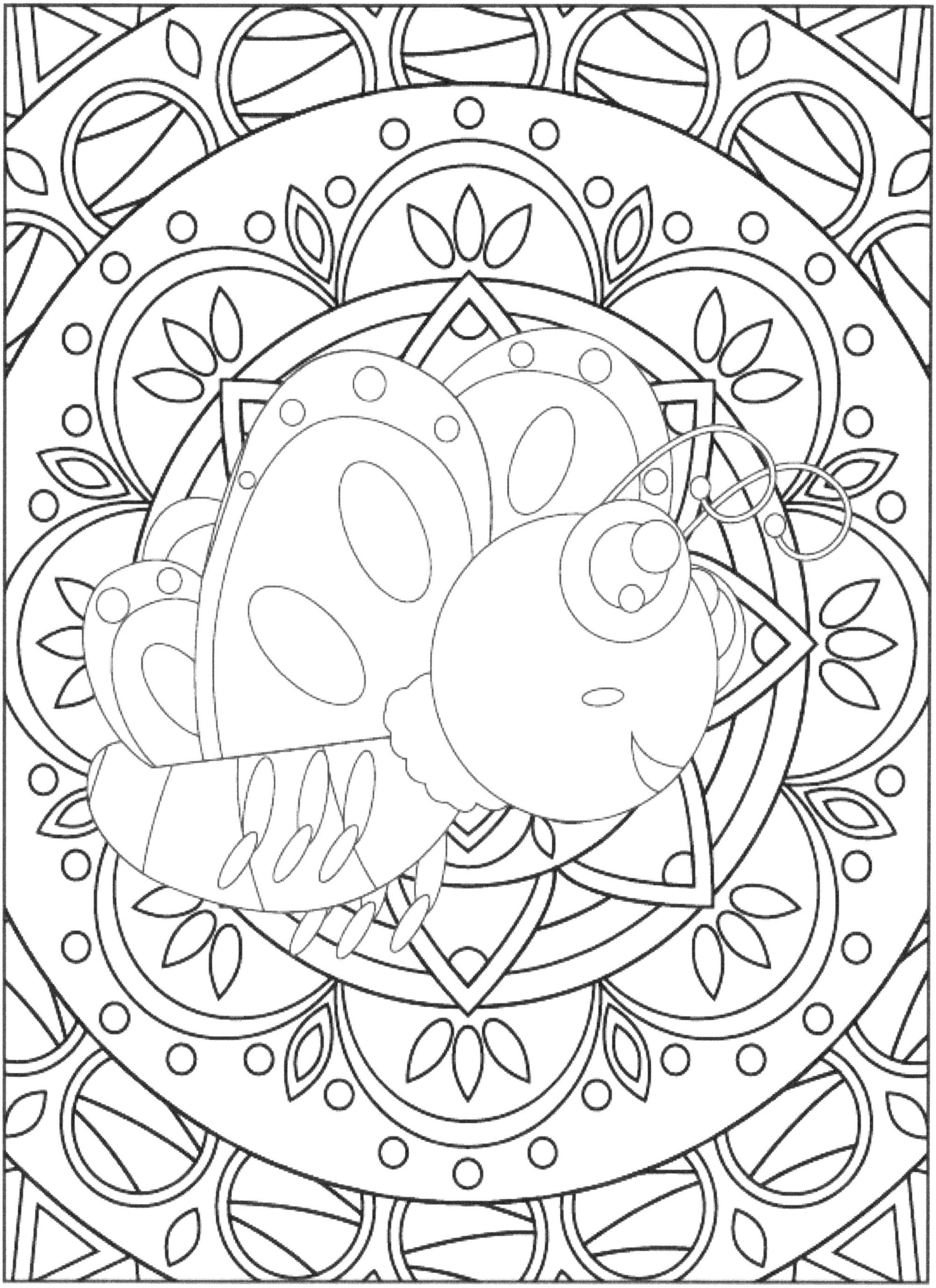

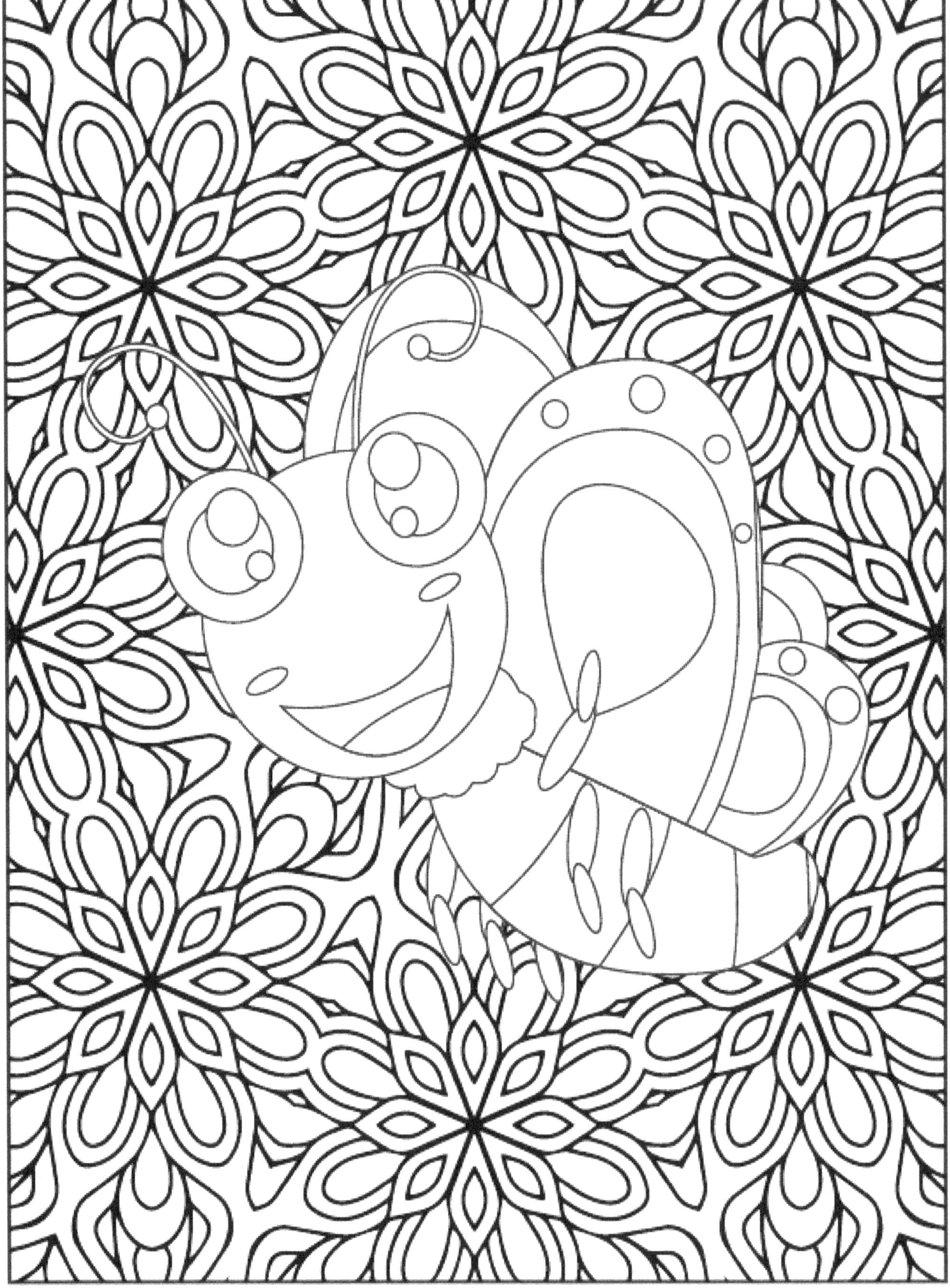

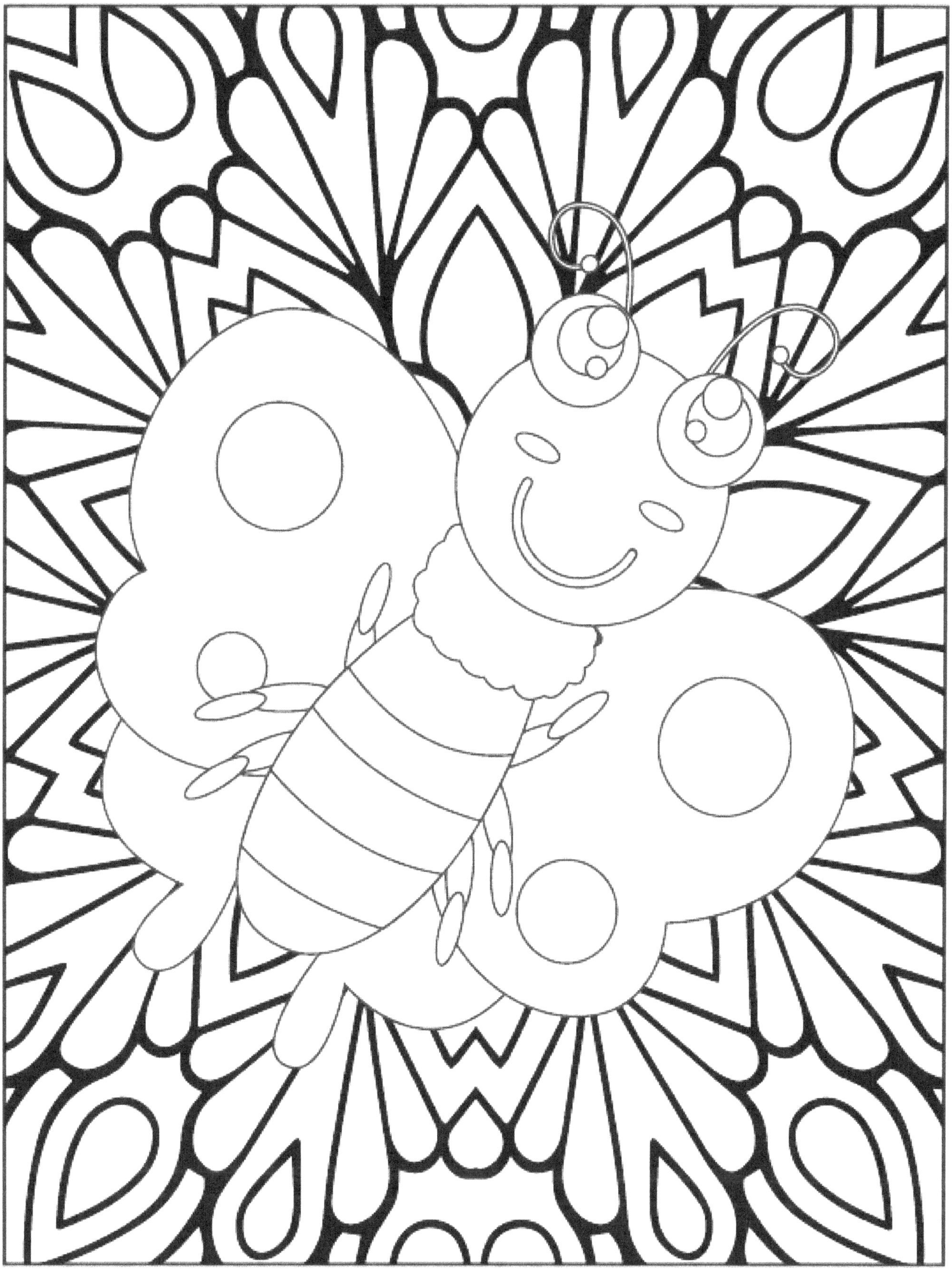

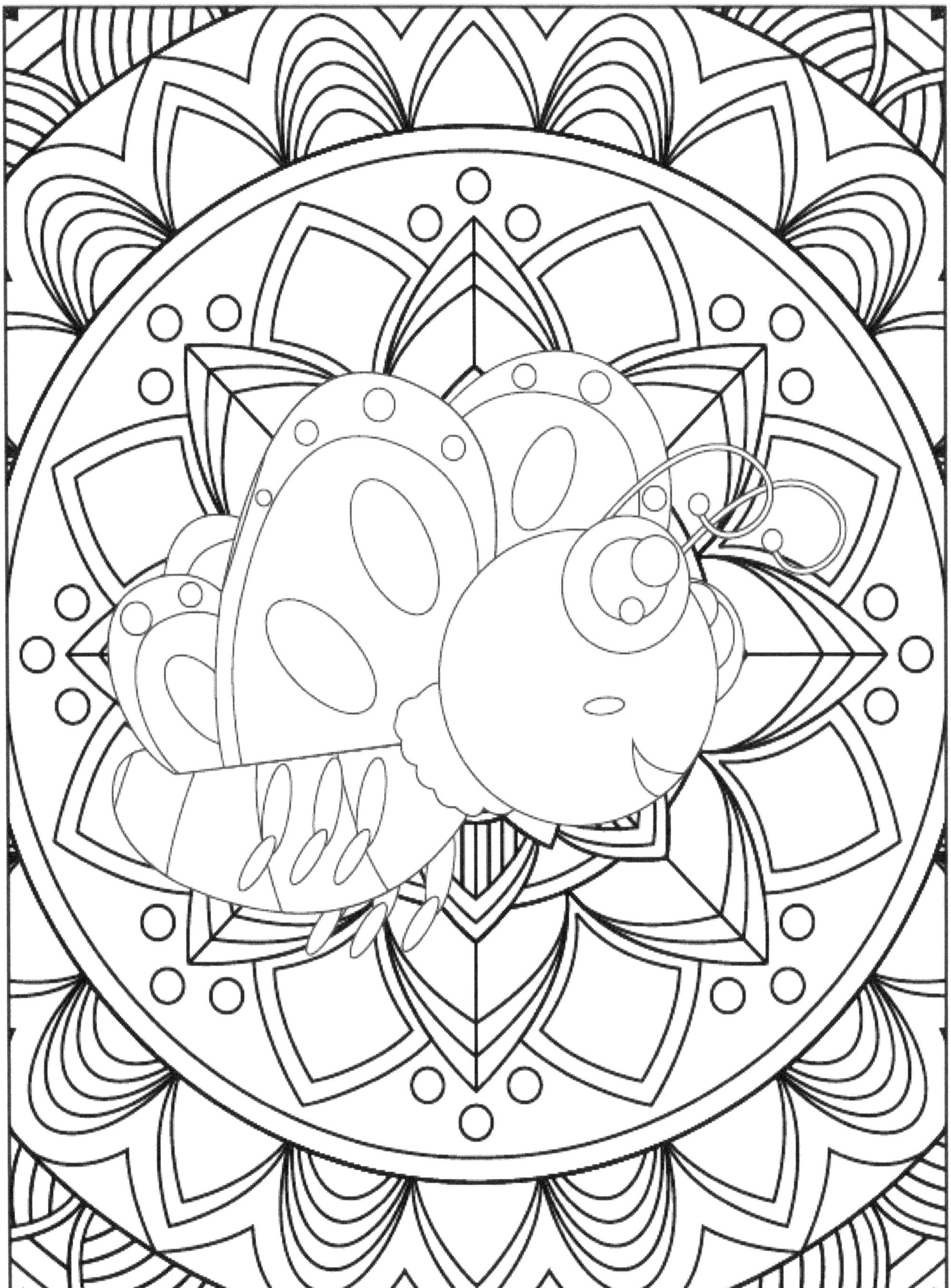

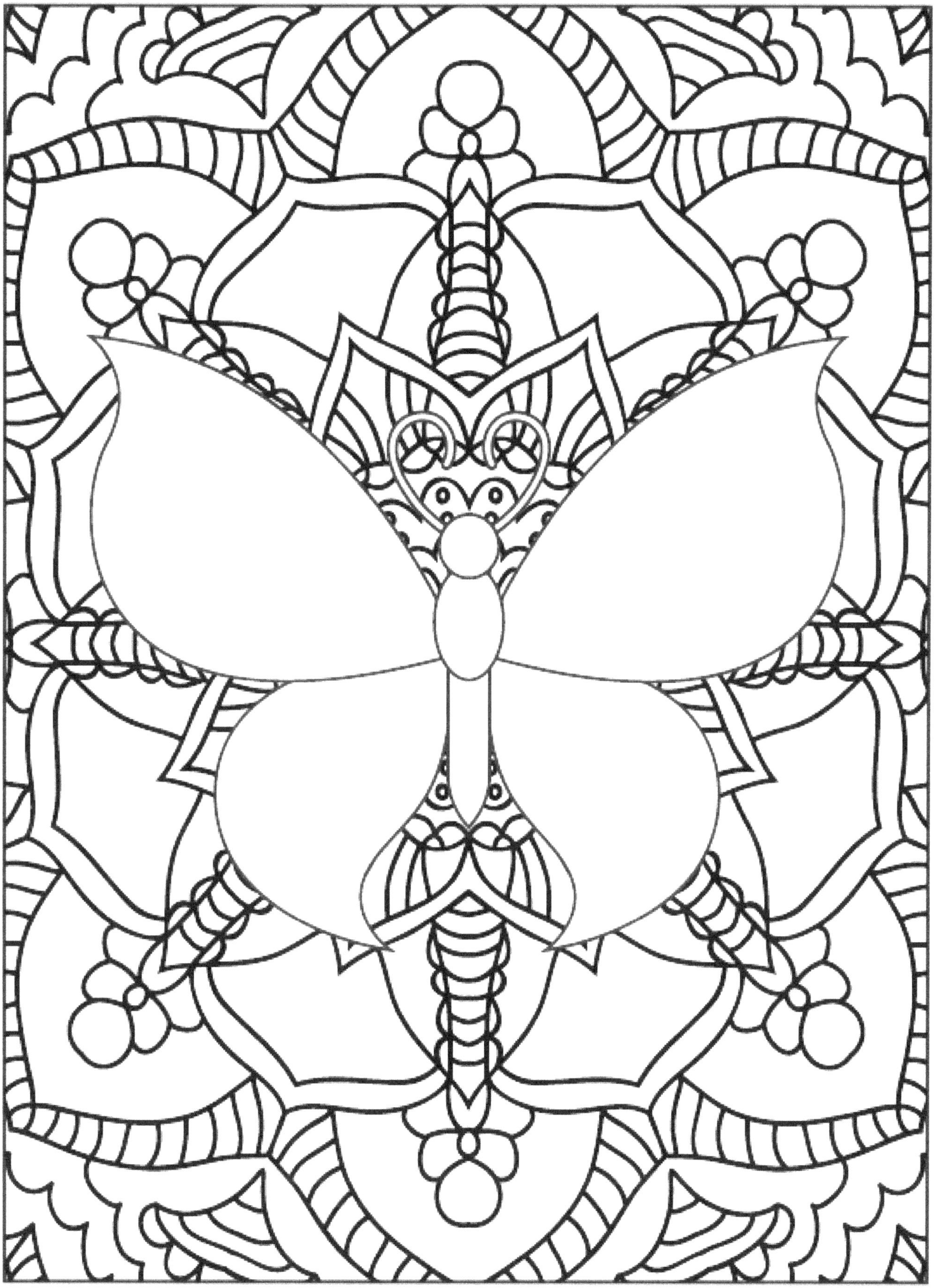

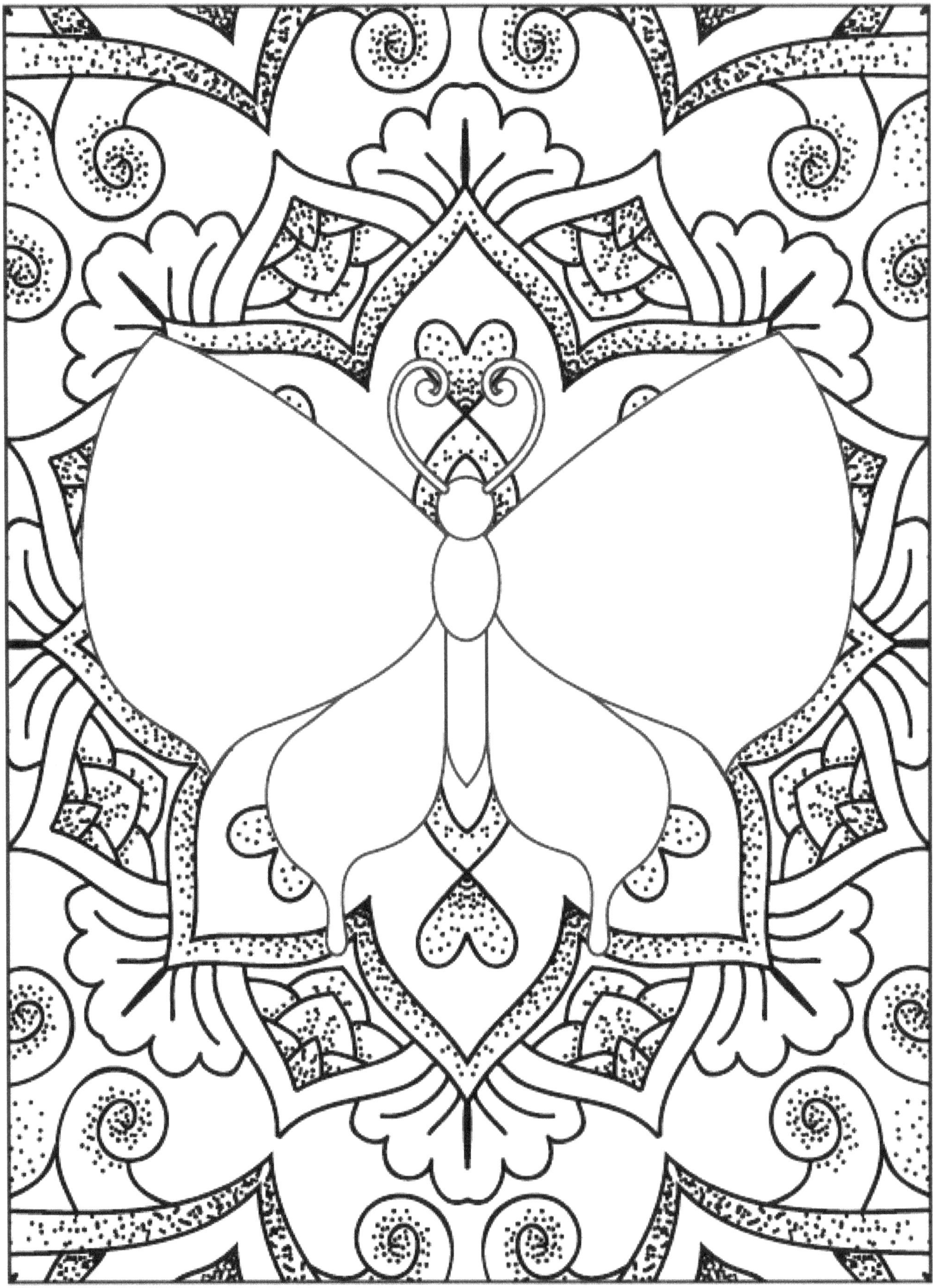

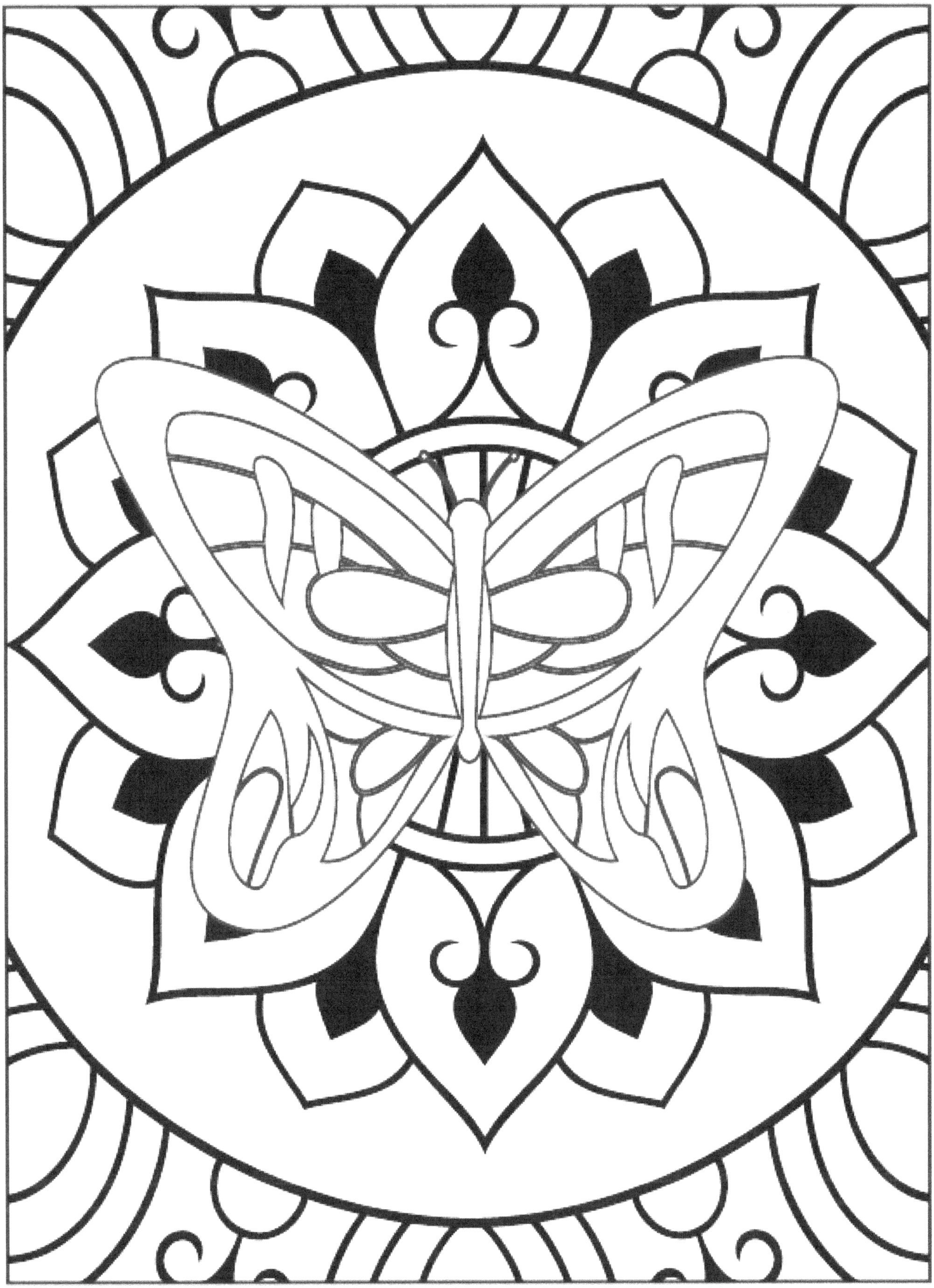

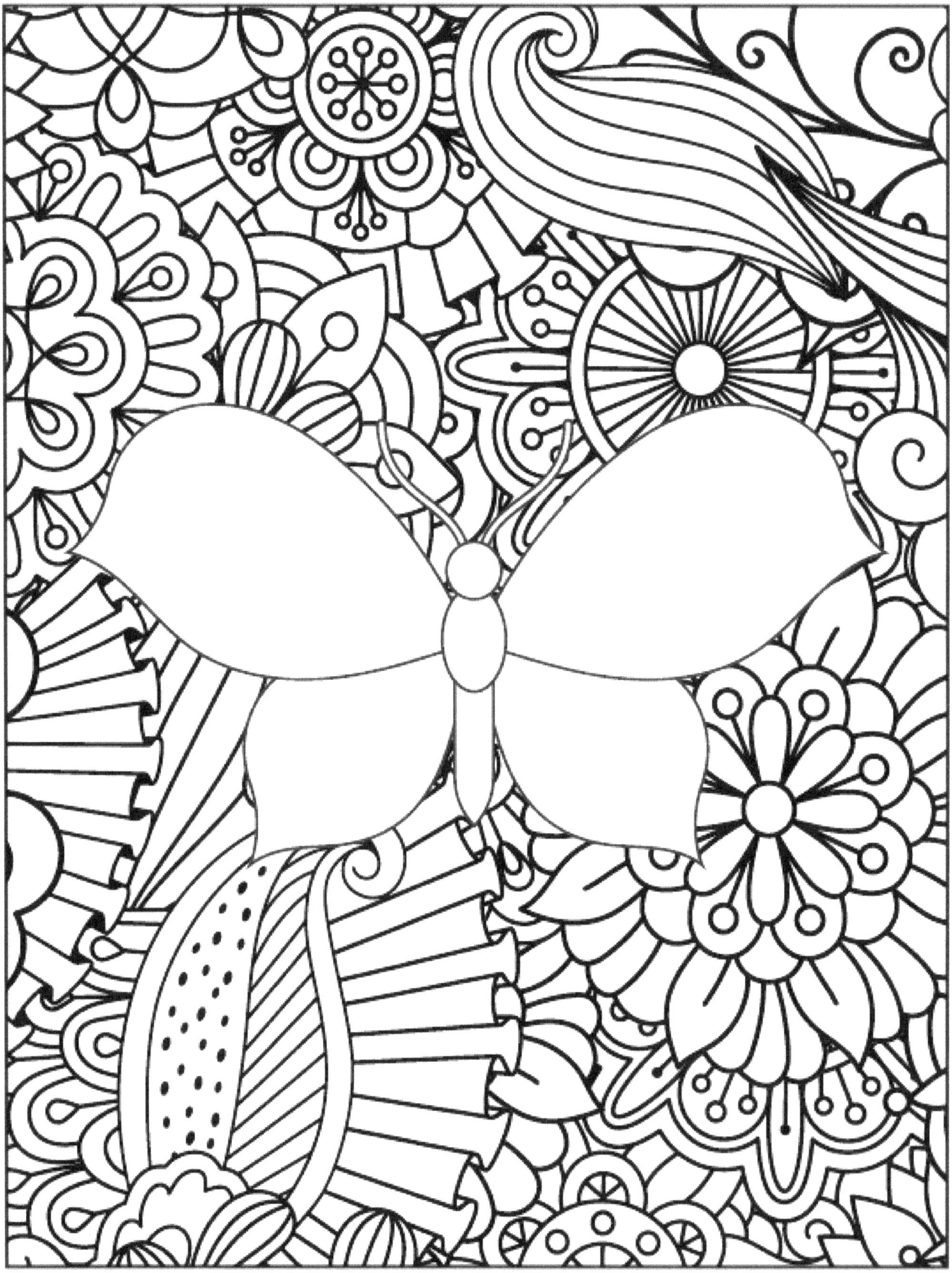

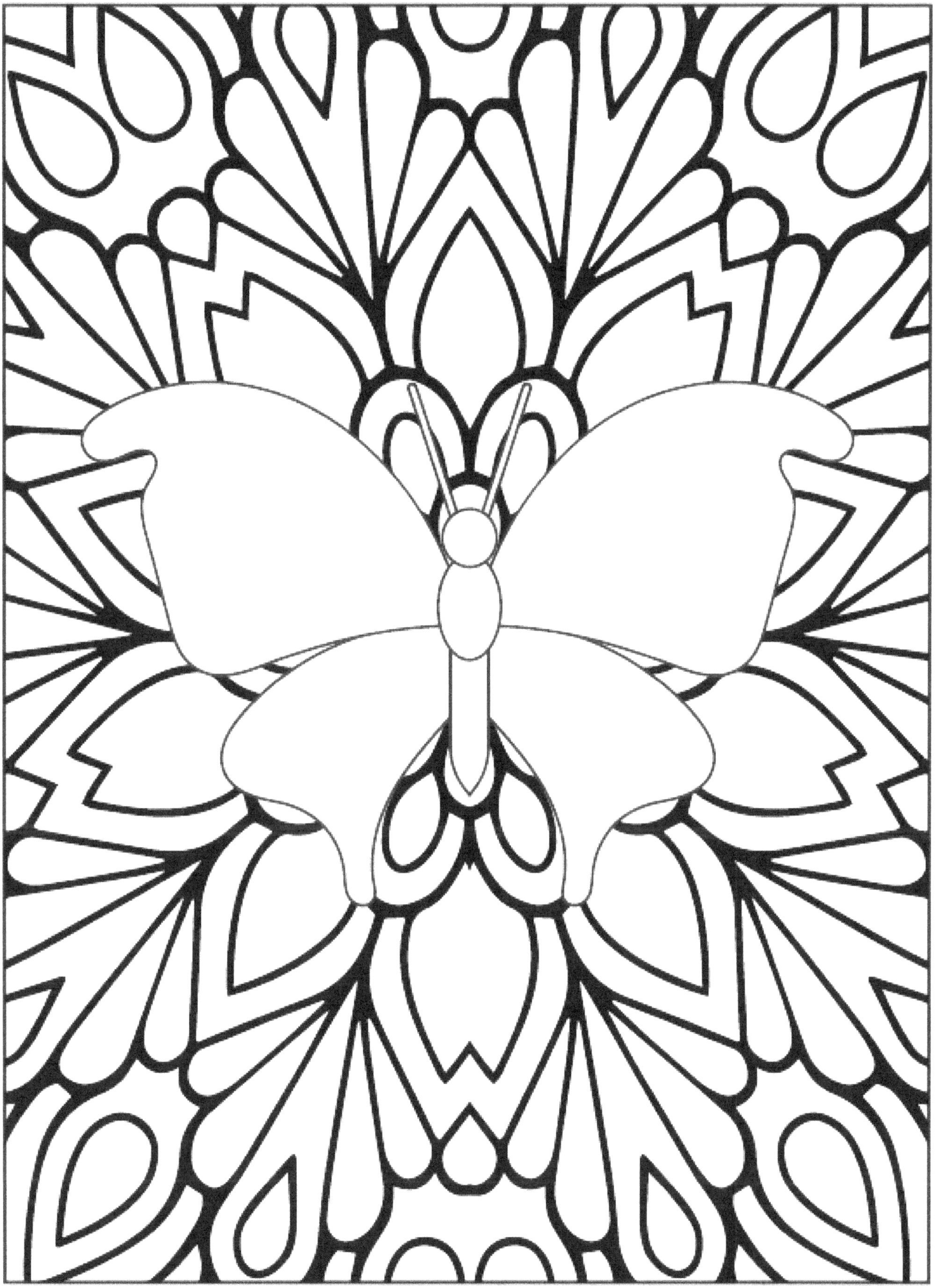

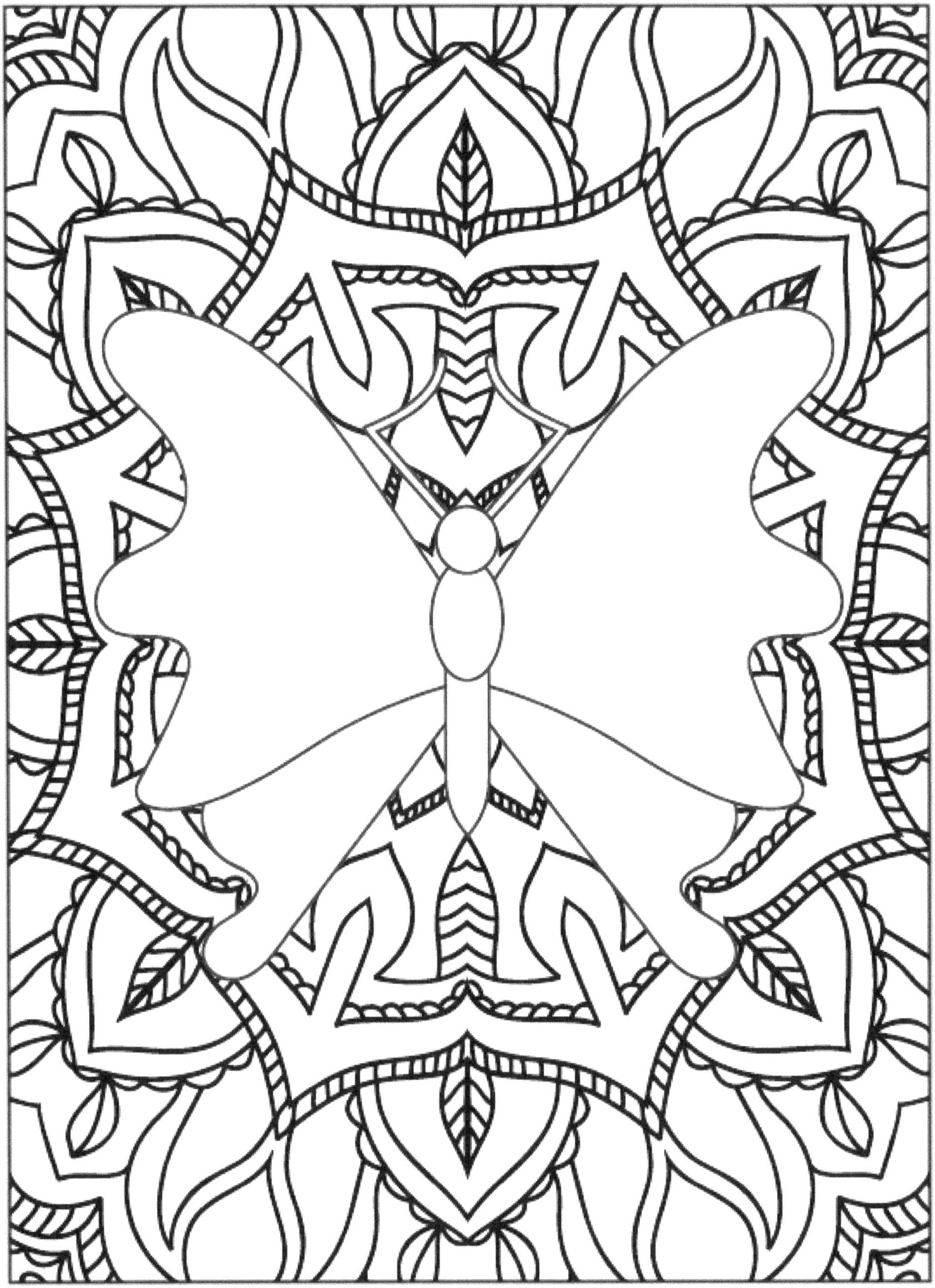

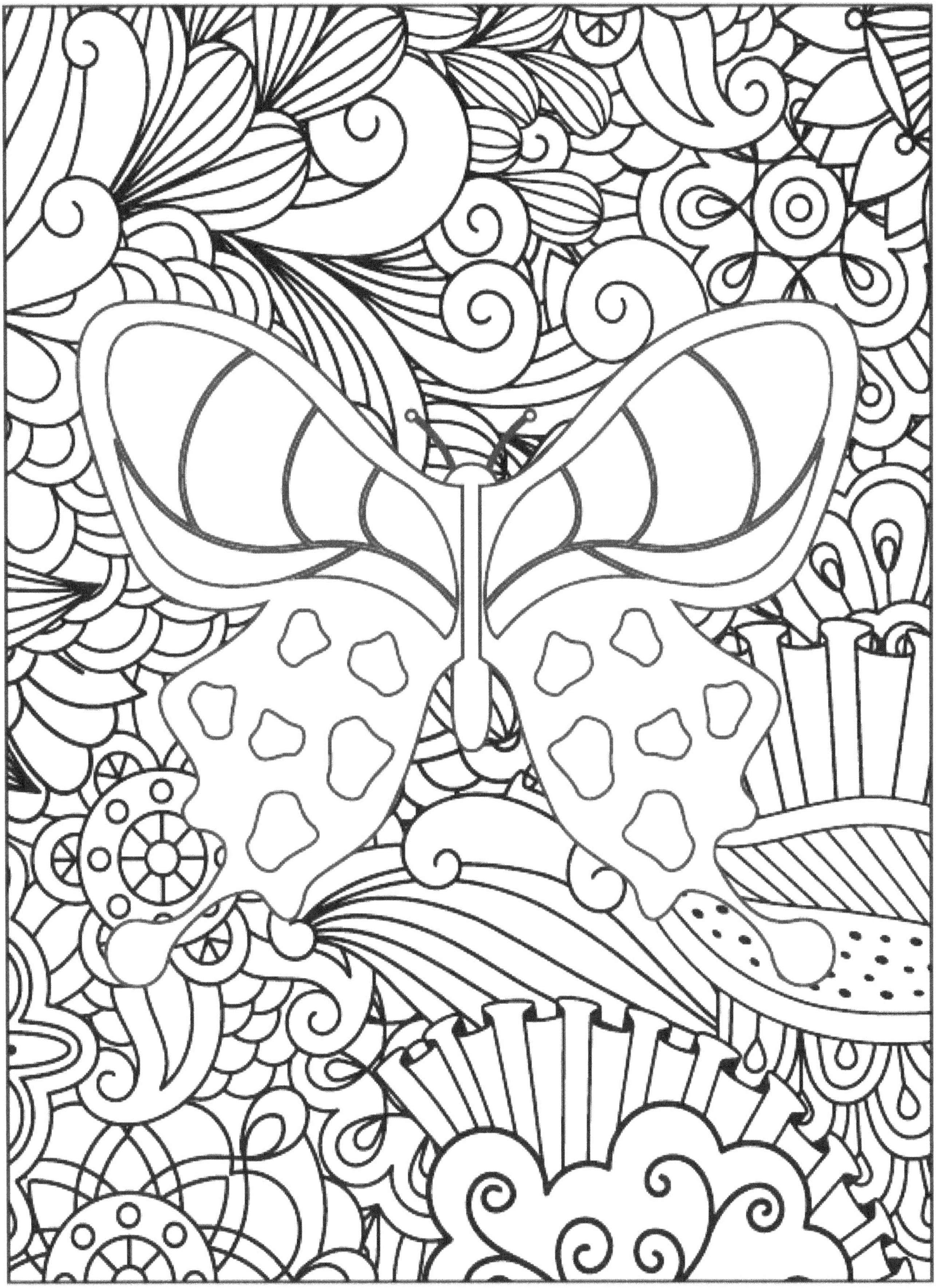

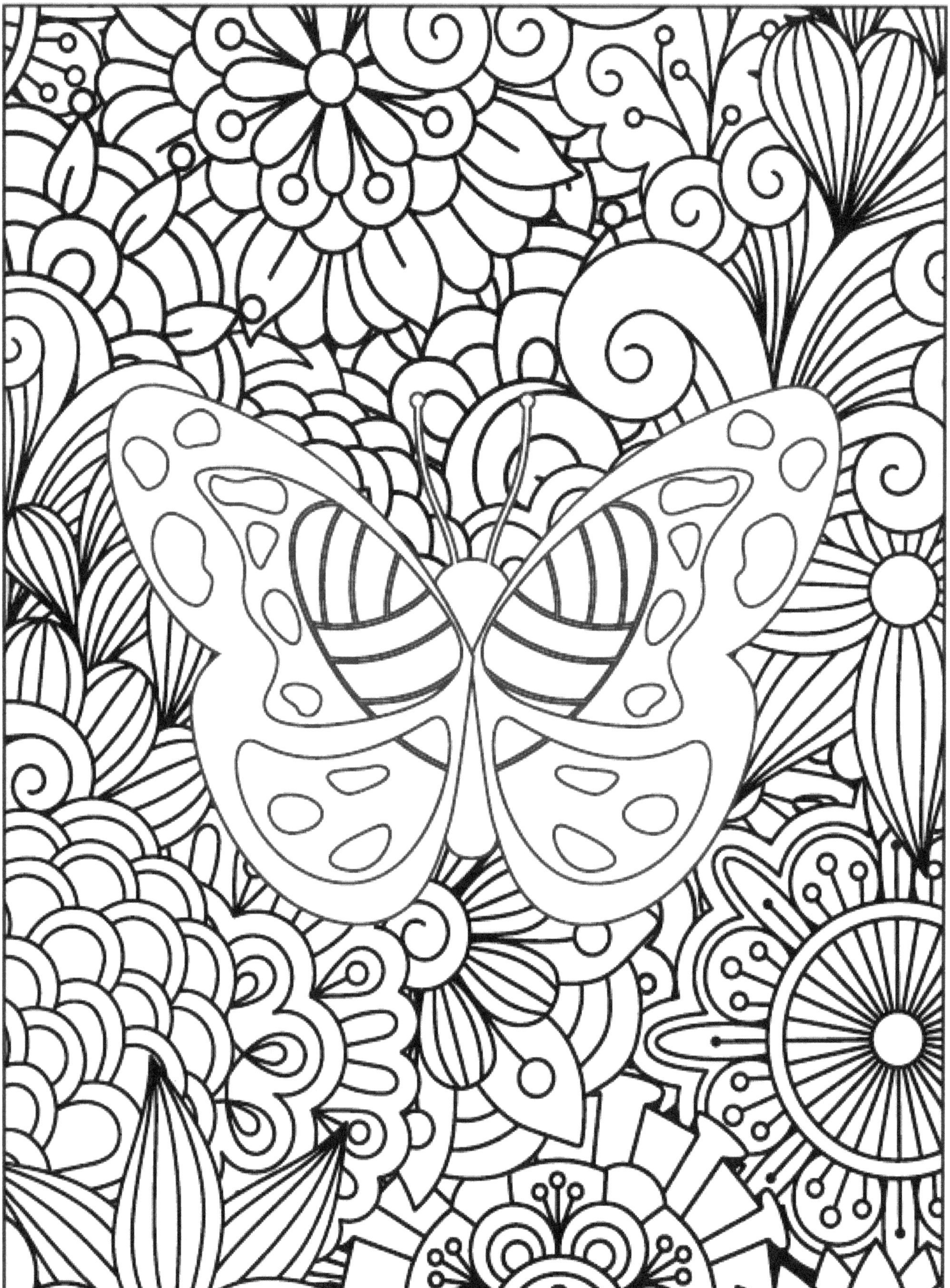

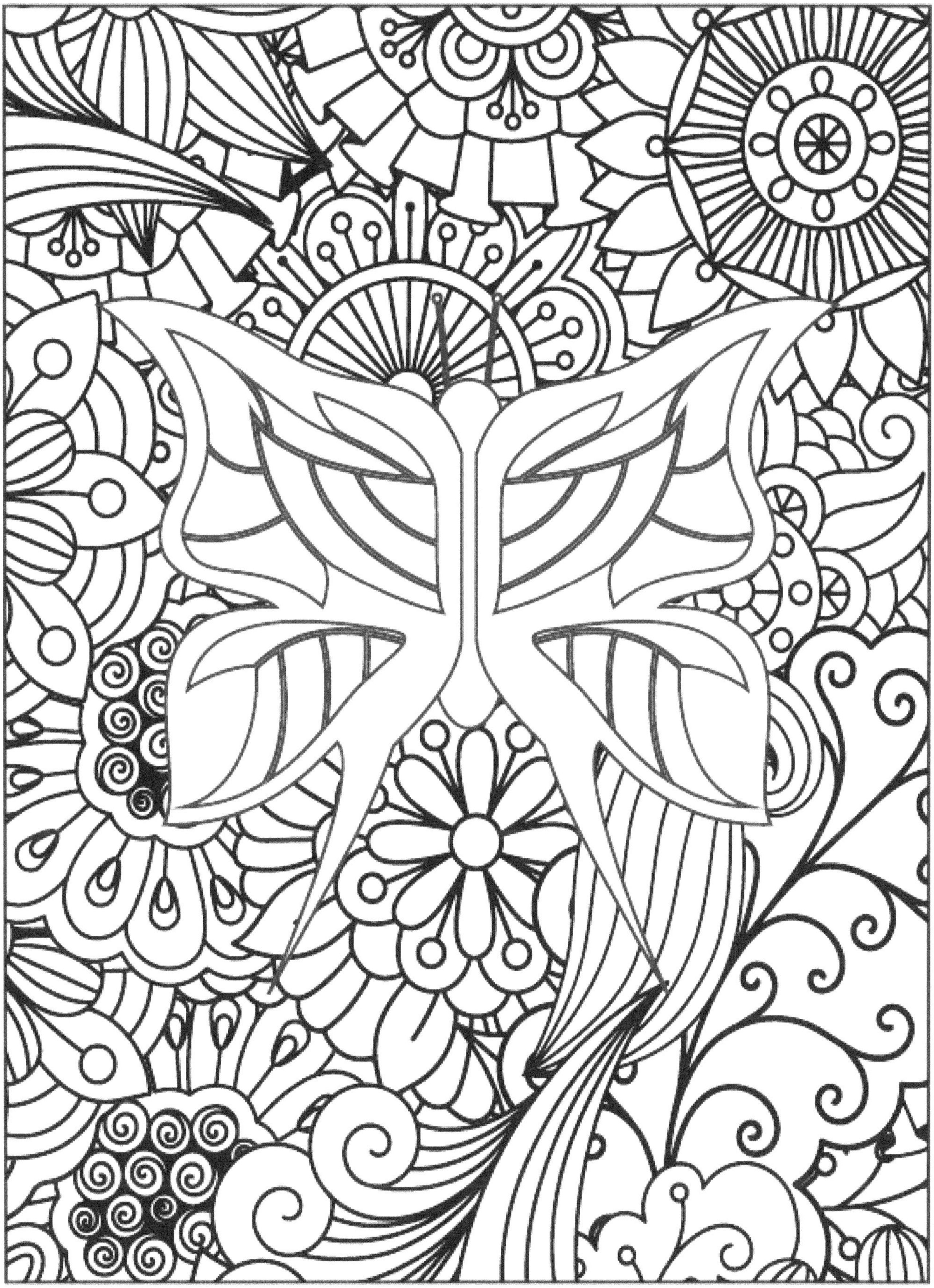

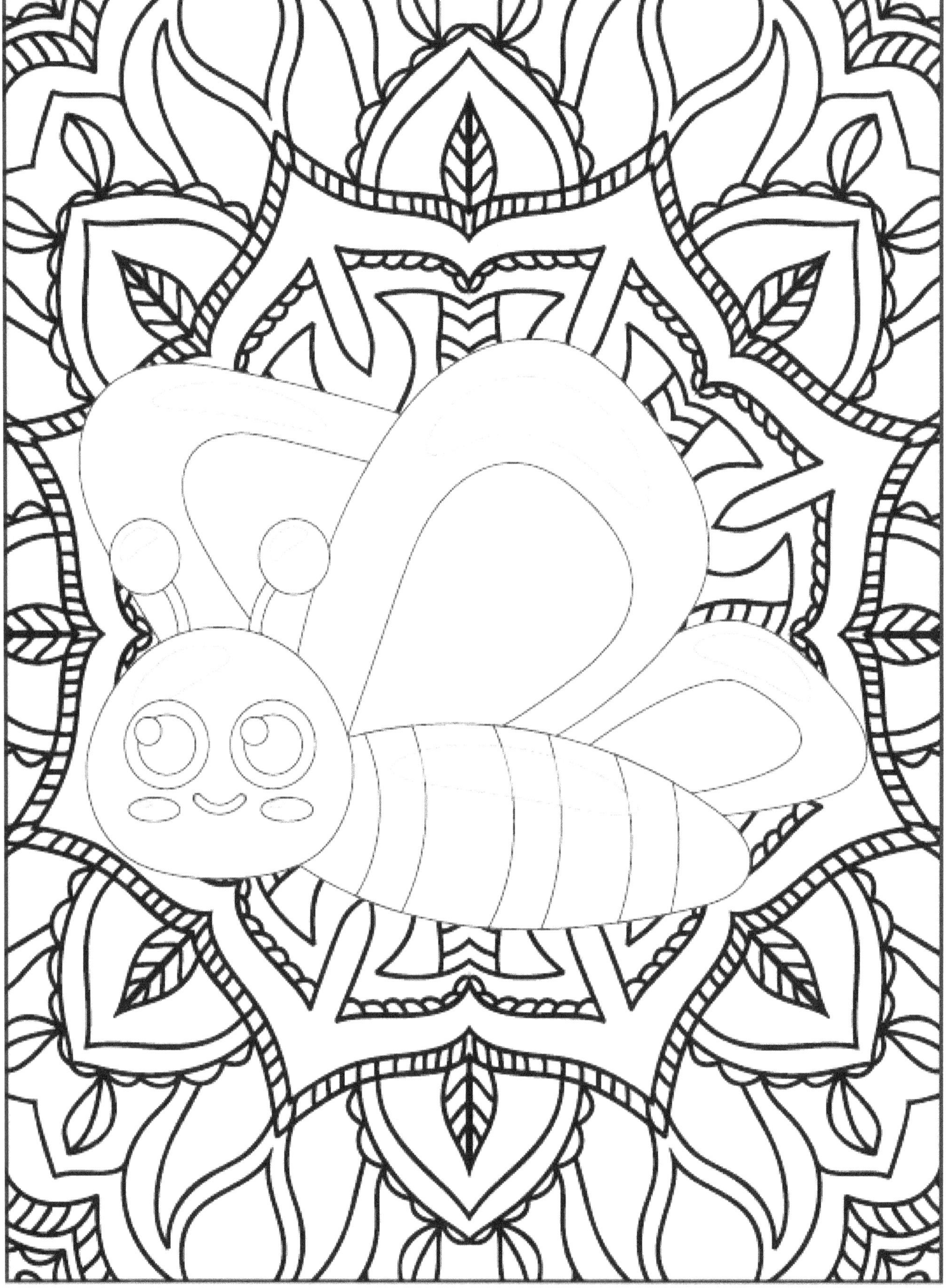

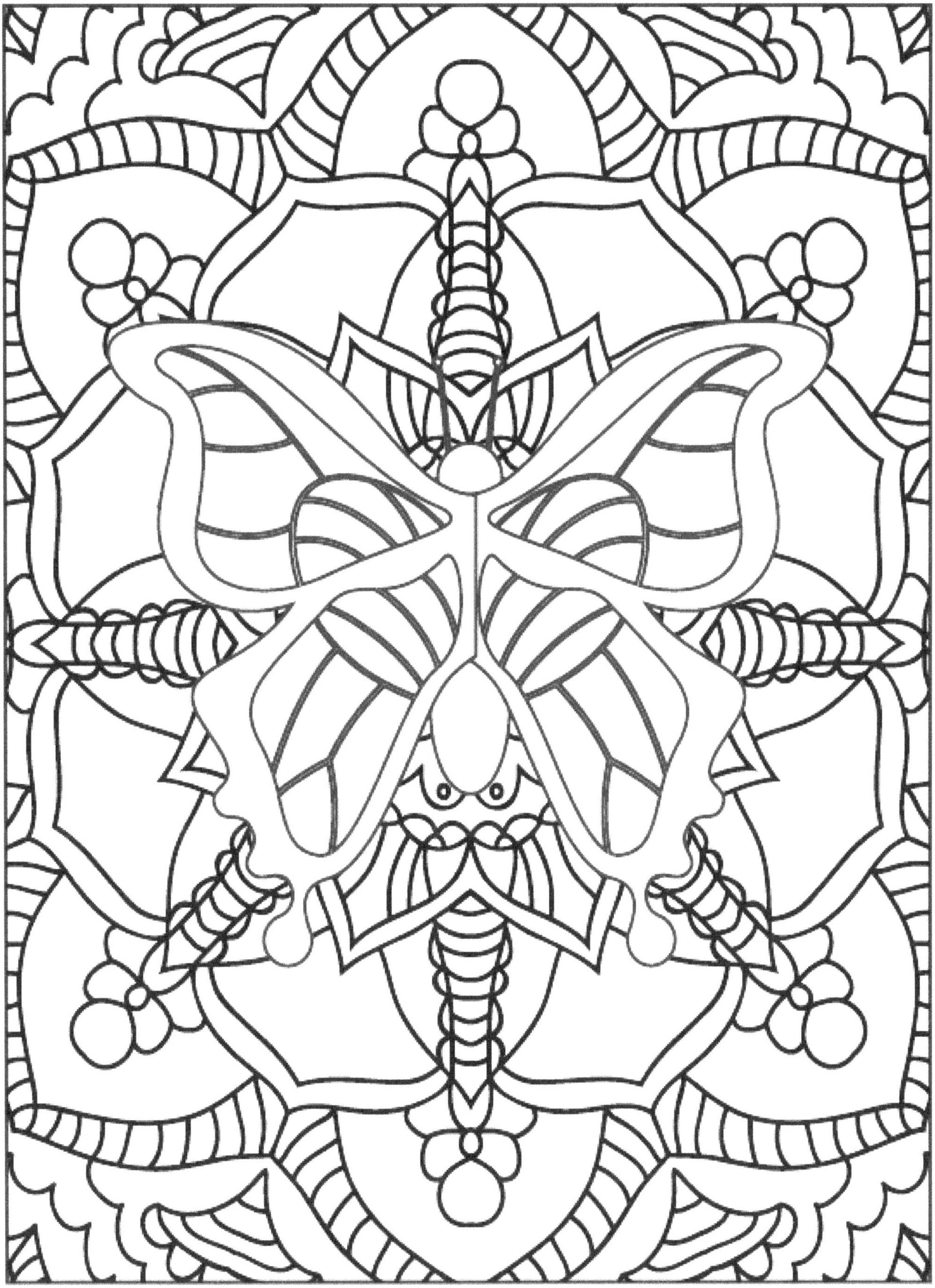

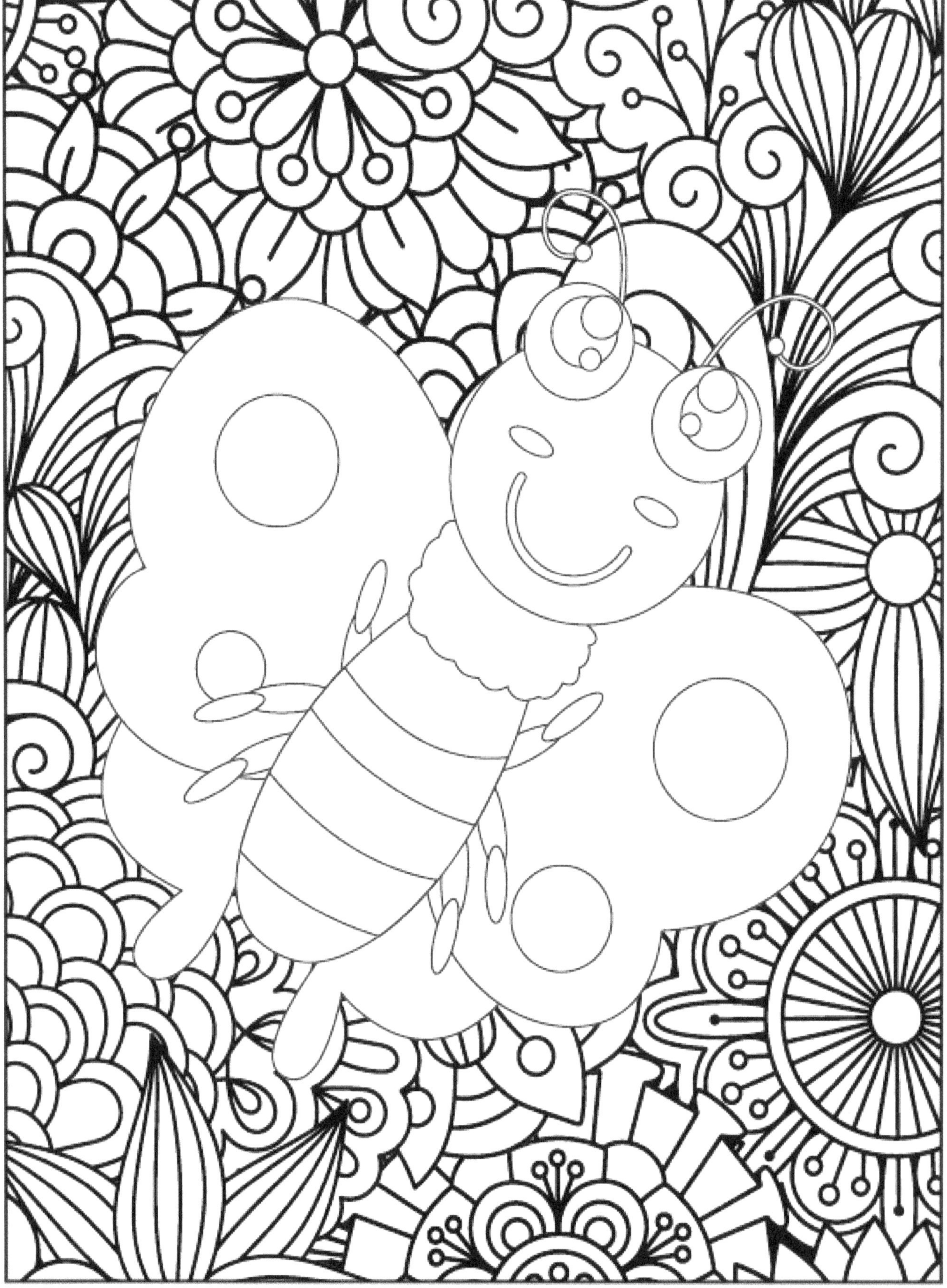

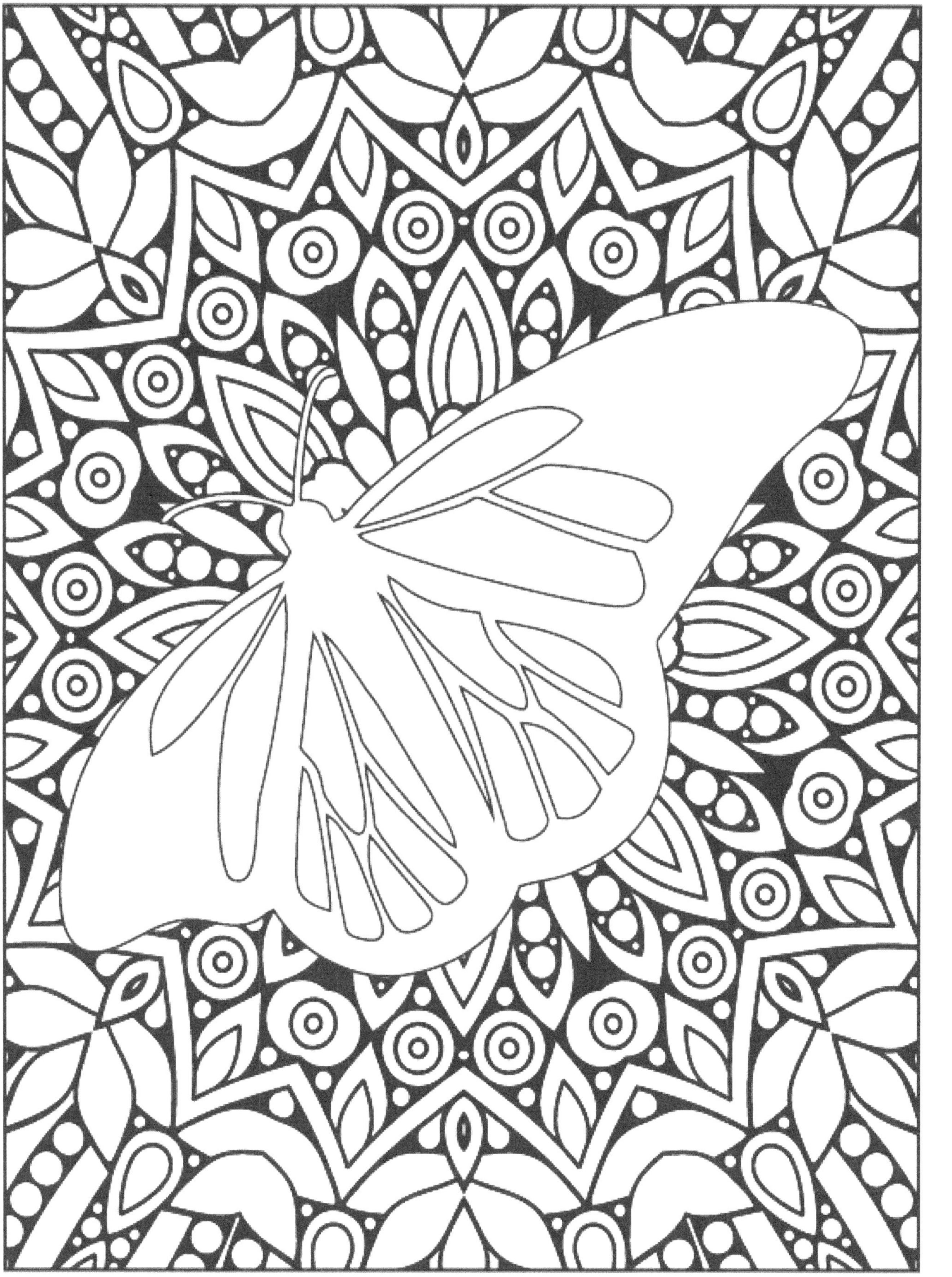

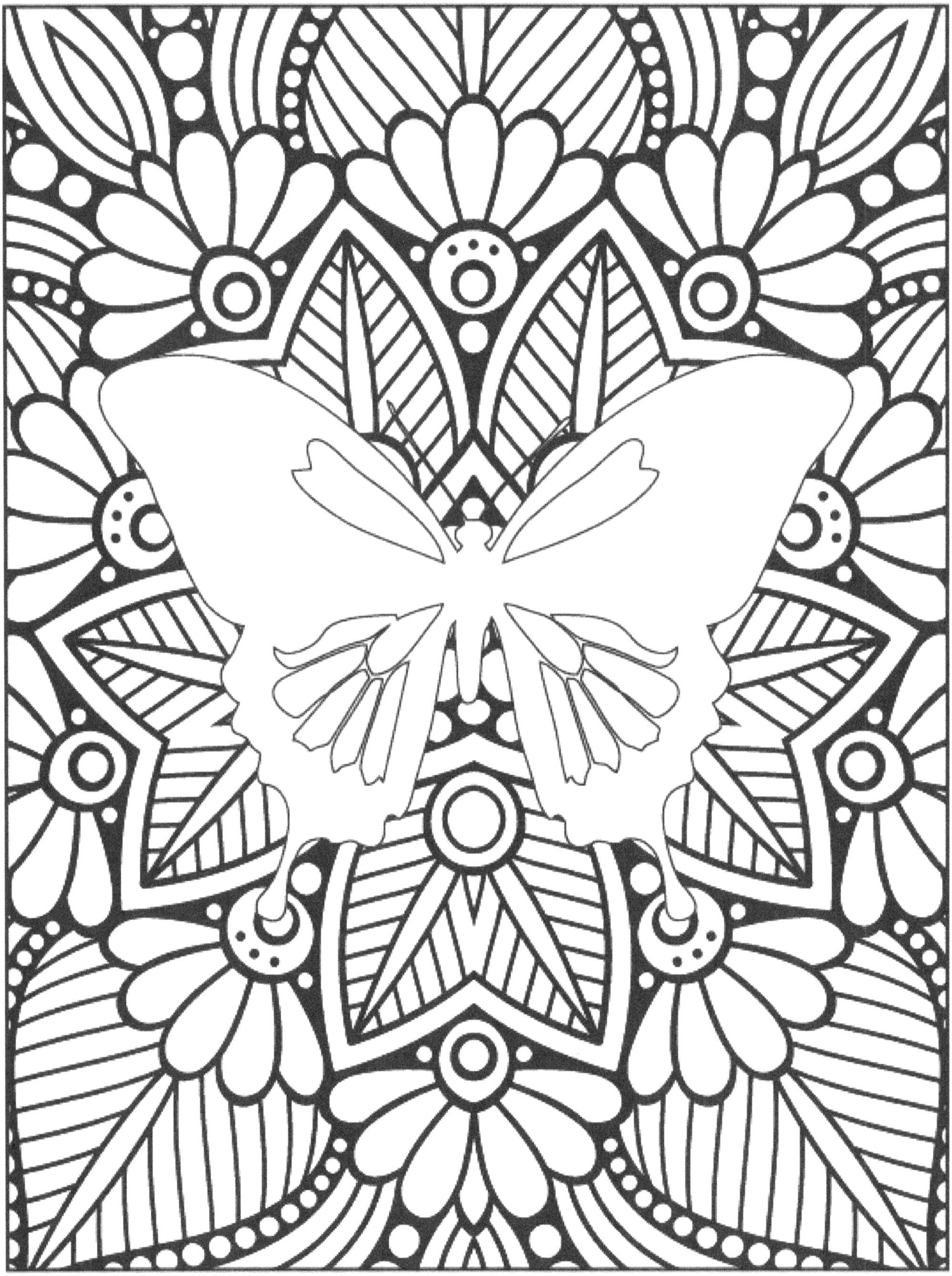

www.ingramcontent.com/pod-product-compliance
Lightning Source LLC
Chambersburg PA
CBHW080439220526
45465CB00009B/3348
* 9 7 9 8 3 6 2 4 7 4 7 5 1 *